Au Bord des Continents... Éditions

Petit Grimoire des Licornes

Textes :
Patrick Jézéquel

Illustrations et mise en pages :
Sandrine Gestin

Aux origines du mythe

Il y a très longtemps, un homme construisit un bateau fait de résine et d'osier. Une arche, c'est ainsi qu'il la nomma. Sa tâche était d'envergure : il lui fallait réunir, pour les sauver d'un grand déluge, un couple de chacune des créatures animales qui peuplaient la planète. Tous les animaux, de l'infime vermisseau au plus gros des pachydermes, s'entassèrent dans le bateau providentiel.

Et les écluses du ciel de se déverser en cascade et de noyer la surface de la Terre.

Peu après, les flots soulevèrent la lourde embarcation.

L'homme avait déjà remonté la porte qui barrait la poupe quand apparut, nonchalante, à l'orée d'une forêt, une licorne. Lumineuse dans la bourrasque, sa robe immaculée étincelait sous le ciel zébré d'éclairs.

Alors que l'arche de Noé – Noé était le nom de cet homme – s'éloignait vers l'inconnu, et bien que promis à un sort fatal, c'était une expression de défi et de fierté qui brillait dans les yeux du bel animal.

À en croire la légende, la licorne aurait disparu et ne survivrait que dans la mémoire des hommes. On trouve pourtant, au fil des siècles, de nombreux récits qui relatent sa présence aux quatre coins de la Terre.

La fière licorne avait-elle survécu au grand cataclysme ? Comment ?

C'est bien là le moindre des mystères qui entourent la merveilleuse créature…

L'Antiquité

La licorne aux mille visages

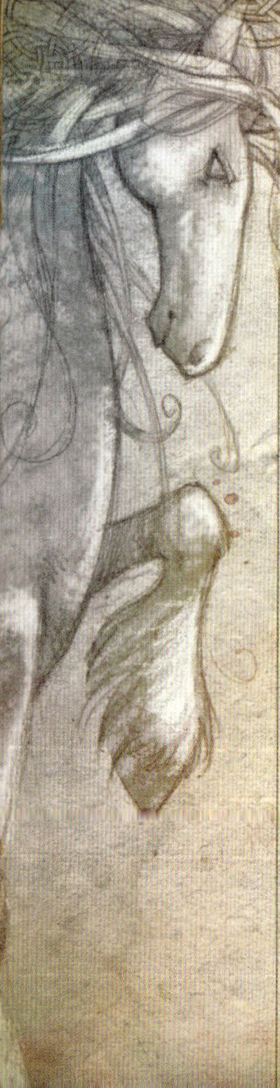

La première description d'une licorne provient d'un texte qu'un certain Ctésias, un médecin grec, rédigea quatre cents ans avant Jésus-Christ, après avoir séjourné à la cour du roi de Perse, où il avait collecté de nombreux récits sur les « merveilles » des contrées lointaines.

Ce sont des ânes sauvages, gros comme des chevaux, dit-il. Ils ont le corps blanc, la tête rouge et les yeux bleu foncé. Il rajoute qu'ils portent sur le front une corne multicolore qui mesure environ un pied et demi (sept centimètres) et aussi qu'ils sont si rapides qu'aucune créature, même le cheval, ne peut l'atteindre.

On imagine volontiers que le bon docteur ne put jamais voir de licorne en chair et en os et que la description qu'il en fit est un amalgame « original » de créatures sauvages. De même, dans les descriptions qui suivent, on pourra reconnaître l'oryx (une sorte d'antilope), le bœuf indien (une espèce éteinte) ou encore le rhinocéros !

Une licorne était sculptée sur l'une des portes qui entouraient la ville ancienne de Babylone.

Les Fils de Bucéphale

Alezan ou noir, les chroniqueurs s'opposent… Gageons qu'au cœur de la bataille, c'est la vision d'une créature diabolique couleur de jais qui fut rapportée. Et puis, le noir lui va si bien…

Bucéphale ! Tel était le nom du cheval qui mena Alexandre de bataille en bataille, tout au long de ses conquêtes. Mangeur d'hommes, agressif et fougueux, il était aussi craint que son maître.

Marco Polo écrivit, dans ses récits de voyage, qu'une race ancienne de chevaux originaires d'Inde portait sur le front une étoile et une corne. Ces chevaux, issus de la semence de Bucéphale, étaient ses descendants.

Les derniers héritiers de cette prestigieuse lignée appartenaient à l'oncle d'un roi, qui fut mis à mort pour avoir refusé de céder à son royal neveu l'une de ses montures. Et Marco Polo de conclure : « Mais de rage de la mort de son époux, la veuve anéantit ladite race, et la voilà perdue. »

La période médiévale

Peu à peu, en s'écartant des descriptions exotiques issues de l'Antiquité, la licorne renvoya une image plus conforme aux canons de la société médiévale. Dès lors, elle était petite, ressemblait à une chèvre ou à un cheval doté d'une longue corne et d'une barbichette, ses sabots étaient fendus et elle était immaculée.

Et même si dans un premier temps les autorités religieuses accueillirent d'un œil suspicieux cette créature magique venue du diable Vauvert, elle devint pourtant l'un des symboles de la chrétienté.

Son naturel sauvage d'animal des bois à qui il ne fait pas bon se frotter et la part de rêves et d'émerveillements qu'elle suscite finirent de séduire les moins enthousiastes.

Voilà comment la dépeint au XIIIe siècle Guillaume Le Clerc de Normandie :
« Elle est si téméraire, agressive et hardie qu'elle s'attaque à l'éléphant avec son sabot dur et tranchant. Son ongle est si acéré que, quoi qu'elle frappe, il n'est rien qu'elle ne puisse transpercer ou fendre. L'éléphant n'a aucun moyen de se défendre quand la licorne attaque, elle le frappe comme une lame sous le ventre et l'éventre entièrement. C'est le plus redoutable de tous les animaux qui existent au monde, sa vigueur est telle qu'elle ne craint aucun chasseur. »

La licorne est une créature des bois qui court plus vite que la lumière et marche sur l'herbe sans la déranger.

1.

Pirassoipi.

Camphur

2.
3.
Licornes de
Ionstonius

La petite Licorne

Dire qu'il avait fière allure, ce petit cheval, aurait été mentir. Allongé dans l'écurie entre deux bottes de paille, il faisait peine à voir. D'où sortait-il ? Personne ne le savait vraiment. Heudes, le seigneur du comté, disait l'avoir trouvé lors d'une chasse au sanglier dans la forêt de Beaulieu. Courtes pattes et flageolant, il était entouré par une meute de loups prêts à le dévorer.

« Plus d'un mois déjà, et il n'a pas pris une livre ! » C'était la grosse voix du palefrenier qui résonnait comme un roulement de tonnerre chaque matin. « Ça ne tiendrait qu'à moi, il ferait pas de vieux os ! » Et là, il tapotait le long gourdin torsadé qui pendait à sa ceinture.

Cela avait l'air d'amuser la galerie, l'idée funeste de régler son compte au petit cheval! Goguenards, les valets de ferme avaient déjà misé quelques deniers sur ses chances de survie. Il faut bien avouer que personne ne semblait beaucoup l'aimer, cet animal. Même les juments de l'écurie l'écartaient à coups de naseaux appuyés.

Niché sous la charpente, dans la poussière et les toiles d'araignée, un autre animal sauvage observait la scène. Emma. Elle non plus, personne ne savait d'où elle sortait! On l'avait trouvée bébé, comme un oiseau tombé du nid, piaillant devant l'église du village. Et il faut bien avouer qu'elle non plus, personne ne la portait dans son cœur. On la traitait de sorcière. Une sorcière haute comme trois pommes et qui ne devait pas avoir plus de 7 ans! « Y avait un camp de romanichels dans la prairie au père Matthieu quand l'abbé

a trouvé la p'tite », pérorait à l'envi Margot la cuisinière, en roulant des yeux comme une vieille chouette effarouchée.
C'était avec cette langue de vipère que la petite fille passait le plus clair de son temps, grattant les chaudrons et récurant les casseroles…
Et ce n'était pas rose tous les jours…

Chaque soir, lorsque la lueur des dernières lanternes s'était évanouie, Emma se laissait glisser le long des poutres, dans la pénombre. Elle s'approchait à petits pas et s'agenouillait devant Alizé (c'est ainsi qu'elle avait nommé le poulain). Aussitôt, le corps malingre semblait s'animer. Un long frémissement traversait son échine, puis l'animal posait sa tête sur les genoux de l'enfant. Lentement, Emma caressait ses longs crins couleur de cendre, puis elle couvrait avec mille précautions ses articulations de baumes et de pommades, et aussi, les lèvres collées à ses oreilles, elle lui contait l'histoire des belles dames qui vivaient dans la forêt près des fontaines et qu'elle irait rejoindre un jour…

Toujours tel un château branlant, mais bien plus vaillant, Alizé se tenait alors sur ses quatre sabots. Ce regain de vitalité ne semblait pourtant pas émouvoir le palefrenier qui, le regard noir, le jaugeait chaque jour en martelant de son gourdin la paume de sa main. « Cette fois, c'est dit, lança-t-il un matin, c'en est assez, le bourriquet ne passera pas la semaine ! » Deux juments allaient mettre bas d'un moment à l'autre, et le maître des écuries souhaitait « libérer de l'espace » pour accueillir les poulains…

Toute la journée, le visage tordu par l'angoisse, Emma suivit les allées et venues du palefrenier. À la nuit tombée, elle se glissa dans l'écurie, et, comme chaque soir, s'agenouilla devant Alizé. Insouciant du sort qu'on lui réservait, il sommeillait. Les yeux rougis, elle déposa un baiser sur son front. La petite bosse que ses lèvres venaient d'effleurer ne provoqua chez la fillette qu'un sursaut de curiosité, mais, lorsque les rayons de lune, qui perçaient d'une lucarne entrouverte, éclairèrent soudain la robe du poulain, son cœur bondit dans sa poitrine.

Elle était d'une blancheur de neige.

Prendre une décision avait demandé moins de temps à Emma que d'entasser quelques frusques dans un baluchon. Le pont-levis était relevé à cette heure de la nuit, il leur faudrait donc longer les remparts, éviter les patrouilles du guet, puis se faufiler par une poterne qui les mènerait, elle et le petit cheval au pas hésitant, par les douves, hors du château.

Alizé trottinait aux côtés de la fillette dans la grande prairie qui cernait la place forte. Ses pas et son allure étaient moins gauches. La tête dressée et le poitrail gonflé, il semblait s'enivrer de la douceur de l'air et de l'odeur d'herbe humide. Emma, elle, découvrait ce vertige étrange que lui inspirait le sentiment de liberté mêlé à l'angoisse d'affronter un monde inconnu. Quand ils s'engagèrent enfin sous le couvert protecteur de la forêt, leur allure faiblit. Collés l'un à l'autre, ils marchaient d'un pas léger sur un chemin recouvert de

mousse quand, soudain, le petit cheval lâcha une succession de sons rauques. Jamais, à part quelques vocalises plaintives les nuits où elle le veillait, Emma ne l'avait entendu proférer le moindre son. Mais c'est quand, subitement, il se dressa sur ses deux pattes arrière en se cabrant que la fillette comprit qu'il se passait quelque chose de grave.

La clairière qui s'étendait devant les fourrés où Emma s'était réfugiée était inondée par la clarté d'une lune intensément lumineuse. Au centre, le pelage argentin d'un troupeau de créatures scintillait.

La fillette avait entendu, parfois, les colporteurs qui passaient au château conter à la veillée des histoires de monstres et de chimères. Pour le coup, elle en aurait mis sa main au feu, c'étaient bien des licornes qui s'ébattaient sous ses yeux. La robe immaculée, la

longue corne torsadée, l'allure d'un cheval sans vraiment que cela en soit un… Avant même qu'Alizé ait rejoint en trottant l'une des créatures, qui s'était détachée du troupeau, la fillette avait compris.
Bien sûr…

« La petite licorne a retrouvé sa maman. »
C'est ce qu'elle murmura, la gorge nouée, les yeux mouillés de larmes avant de s'endormir, terrassée par la fatigue et l'émotion.

Lorsqu'elle s'éveilla, une lumière douce baignait le bassin de la fontaine près de laquelle elle s'était reposée. En réalité, ce n'est pas la lumière qui l'avait réveillée, mais l'ombre qui, l'espace d'un instant, l'avait occultée. L'ombre d'une Dame si belle qu'elle en oublia de respirer.

Quand celle-ci lui tendit la main et l'invita à la suivre d'une voix mélodieuse, dans une langue inconnue – dont elle comprenait, lui semblait-il, le sens –, elle sut qu'elle était chez elle et qu'elle ne quitterait plus jamais la compagnie des Belles Dames de la forêt.

Elle sut aussi que, un beau jour, elle retrouverait sa licorne et que plus jamais elles ne se quitteraient…

La corne

Objet de tous les fantasmes, sa valeur était telle que seules les têtes couronnées pouvaient en acquérir.

L'alicorne, c'est ainsi que l'on nomme la corne des licornes, ainsi que la matière mystérieuse qui la compose.

C'est une longue hampe allant en s'effilant dans un ivoire torsadé et parcheminé, si lourde, disent certains chroniqueurs, que l'animal peine à la porter. Pour d'autres, c'est un appendice discret. Rabelais, en son temps, la décrivit assez flasque, mais pouvant, si nécessaire, devenir pareille à une flèche.

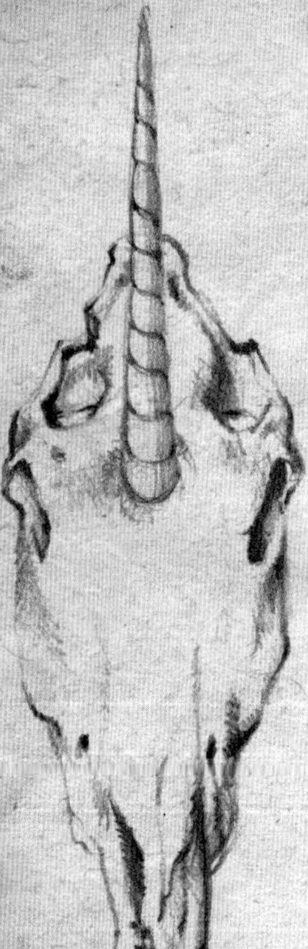

Réputé pour ses pouvoirs magiques – celui d'antidote contre le poison plus que tout autre –, l'alicorne devint l'un des remèdes parmi les plus chers et les plus prisés. Une corne pouvait valoir plusieurs fois son poids en or. On raconte qu'Élisabeth Ire, reine d'Angleterre, en aurait acheté une le prix d'un château.

Aussi, lorsque l'on découvrit que ces cornes magiques étaient pour la plupart des défenses de narvals – un cétacé qui vit dans les eaux arctiques – le commerce florissant qu'avaient entretenu secrètement les marins scandinaves pendant cinq cents ans déclina, de même que la croyance en des pouvoirs magiques.

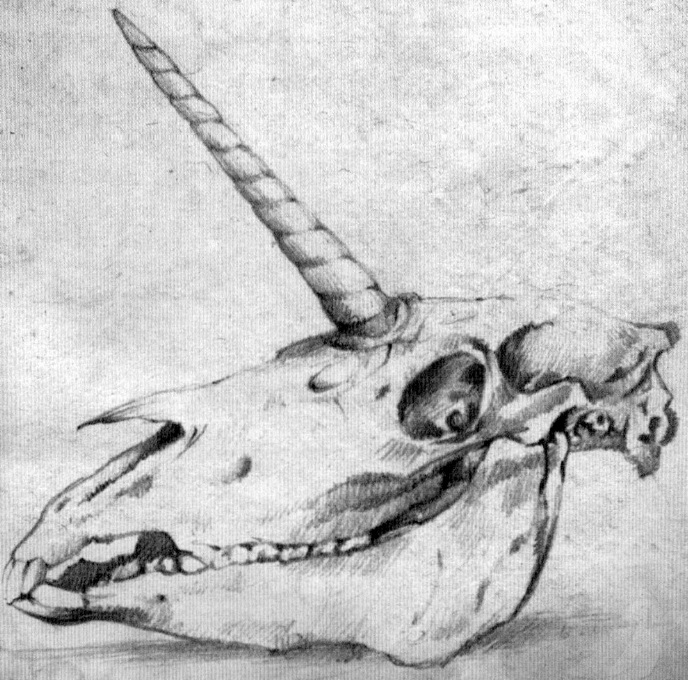

L'ESCARBOUCLE

CARBUNCULUS, LE MOT LATIN QUI EST À SON ORIGINE, SIGNIFIE « PETIT CHARBON », CAR SON ÉCLAT ÉTAIT COMPARÉ À CELUI DU CHARBON ARDENT.

C'est une pierre précieuse qui se trouve sur le front de la licorne, dissimulée sous sa corne. Tout comme cette dernière, elle est dotée de puissants pouvoirs de guérison.

D'un rouge intense et profond, on la compare au rubis. Hildegarde de Bingen, quant à elle, mentionnait sous la corne de l'animal un minerai transparent comme le verre.

L'escarboucle rassemble à elle seule les vertus de toutes les autres pierres.

Wolfram raconta comment on passa l'escarboucle de la licorne sur les blessures du roi du Grâl pour l'enfoncer ensuite au plus profond de ses chairs, mais en vain, car le poison resta dans la plaie.

Une candace – reine d'un pays de l'actuel Soudan – offrit à Alexandre une licorne dont l'inestimable valeur tenait à la pierre qu'elle portait sur son front.

La dracontite est la pierre que l'on extrait de la tête du dragon quand il dort.

La légende de la corne empoisonnée

On trouve, dans les textes les plus anciens, puis sur les tapisseries, un épisode particulier où l'on découvre les animaux de la forêt réunis près d'une source ou d'un ruisseau. Formant un cercle, ils attendent paisiblement, car leur instinct les a avertis que l'eau qui les désaltère chaque matin a été empoisonnée par des serpents durant la nuit. Dès les premières lueurs du jour, une licorne apparaît. Elle pénètre dans le courant, y plonge sa longue corne, et aussitôt l'eau corrompue redevient cristalline et potable.

Ce pouvoir magique que l'on attribuait à la corne de l'animal avait fait de cette dernière un objet très recherché que l'on s'arrachait à prix d'or.

Trempée dans un liquide, elle transpirait ou fumait en présence de substances toxiques, et pouvait même en constituer un véritable antidote. Seuls les rois se voyaient offrir des coupes façonnées dans cette matière – en réalité, le plus souvent dans des cornes de narvals – afin de se préserver de tout risque d'empoisonnement.

L'amour courtois

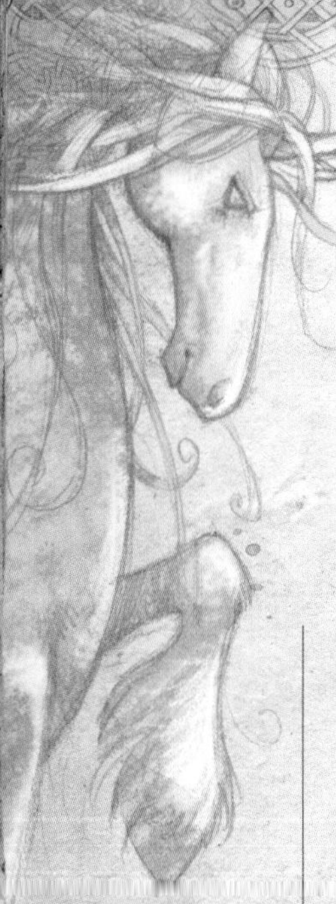

« Messager, va et cours dire à la plus belle
la peine, la douleur et le martyre
que j'endure pour elle. »

C'est aux troubadours que l'on doit tous les poèmes et les chansons qui propagèrent au Moyen Âge un nouvel élan qui bouleversa les relations entre les hommes et les femmes de la noblesse.

La femme est aimée d'un chevalier entièrement dévoué à son service. Il doit pour la mériter veiller sur elle, et pour la séduire accomplir des gestes chevaleresques.

La licorne a le pouvoir de déceler tout ce qui est impur, dans les cœurs, les âmes ou l'éclat d'un diamant.

Aussi, le lien si particulier qui unissait la licorne aux jeunes femmes devint un des symboles de l'amour courtois.

« J'ai été attiré par votre douce odeur comme la licorne s'endort enivrée du parfum d'une jeune fille. Comme elle, je m'agenouille humblement devant vous, je m'incline en signe de mon dévouement et je m'endors sur vos genoux. Comme elle, pendant mon sommeil, je subirai la cruauté de cet impossible amour, et je mourrai endormi dans l'odeur de votre douceur… » Richard de Fournival, *Le Bestiaire d'Amour*

La licorne devint donc le symbole du chevalier qui, séduit par une jeune femme, s'apprête à mourir pour elle.

La chasse à la licorne

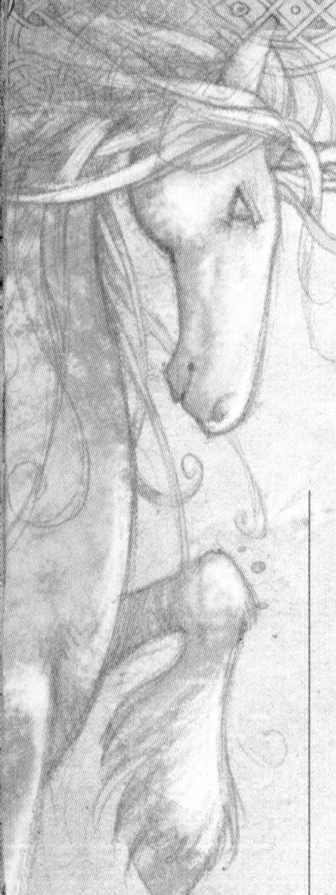

Chasser la licorne ! La faire quitter la forêt où elle se cache !

Voilà, à en croire les innombrables récits et les nombreuses représentations, l'une des principales préoccupations – ou pour le moins l'un des plus grands mythes – du Moyen Âge.

On sait comment la créature était décrite : « Si téméraire, agressive et hardie qu'elle s'attaque à l'éléphant avec son sabot dur et tranchant. Son sabot est si aigu que, quoi qu'elle frappe, il n'est rien qu'elle ne puisse percer ou fendre. L'éléphant n'a aucun moyen de se défendre quand la licorne attaque, elle le frappe comme une lame sous le ventre et l'éventre entièrement. C'est le plus redoutable de tous les animaux qui existent au monde, sa vigueur est telle qu'elle ne craint aucun chasseur. »*

Aussi, c'est un subterfuge que les chasseurs s'appliquaient à mettre en œuvre : « Ceux qui veulent tenter de la prendre par ruse et de la lier doivent l'épier pendant qu'elle joue sur la montagne ou dans la vallée ; une fois qu'ils ont découvert son gîte et relevé avec soin ses traces, ils vont chercher une demoiselle qu'ils savent vierge, puis la font s'asseoir au gîte de la bête et attendent là pour la capturer. Lorsque la licorne arrive et qu'elle voit la jeune fille, elle vient aussitôt à elle et se couche sur ses genoux ; alors, les chasseurs, qui sont en train de l'épier, s'élancent ; ils s'emparent d'elle et la lient, puis ils la conduisent devant le roi, de force et aussi vite qu'ils le peuvent. »*

« Lorsque la licorne est poursuivie et sur le point d'être rattrapée, elle bondit sur un roc et se lance dans le vide. Grâce à sa corne, elle amortit la chute et peut s'échapper. »

D'autres fois, l'issue était plus tragique, car les chasseurs la tuaient et lui coupaient la corne…

C'est le parfum qu'exhalent les jeunes filles qui attire les licornes, mais on dit aussi que c'est parce qu'elles sont douces et gentilles.

*Guillaume Le Clerc de Normandie, *Le Bestiaire divin.*

Un autre stratagème voit le chasseur se tenir devant un arbre, invitant à force de cris et de gesticulations la licorne à charger. Lorsqu'elle est sur le point de l'embrocher, le téméraire s'écarte vivement, laissant l'animal, la corne enfoncée profondément dans l'épaisseur du tronc, à sa merci…

La licorne de mer

Elle fut, pendant des siècles et dans un incognito quasi parfait, la preuve éclatante de l'existence du mythe de sa cousine terrestre !

Dès l'époque viking, sa longue dent torsadée en fit une prise de choix, puis, au fil du temps, les marins scandinaves, les seuls à fréquenter les eaux arctiques proches du Groenland, en poursuivirent la pêche afin de prélever la supposée corne merveilleuse, qu'ils revendaient à prix d'or en gardant un absolu secret sur sa provenance.

C'est ainsi qu'elle nourrit si longtemps l'imaginaire des hommes et, plus tard, les cabinets de curiosités.

Mais bientôt, des esprits sceptiques ou plus éveillés s'étonnèrent. Comment un animal que l'on décrivait de petite taille pouvait-il être affublé d'une corne atteignant jusqu'à trois mètres de hauteur? Ambroise Paré, célèbre chirurgien des rois de France, mit en doute le pouvoir de cette corne magique et l'existence même de la licorne. Les grands explorateurs du XVIIIe siècle, qui rencontrèrent dans leurs expéditions la créature marine appelée narval, finirent de disqualifier l'une pour authentifier l'autre.

Les narvals sont-ils les descendants des licornes qui n'ont pu rejoindre l'arche de Noé ?

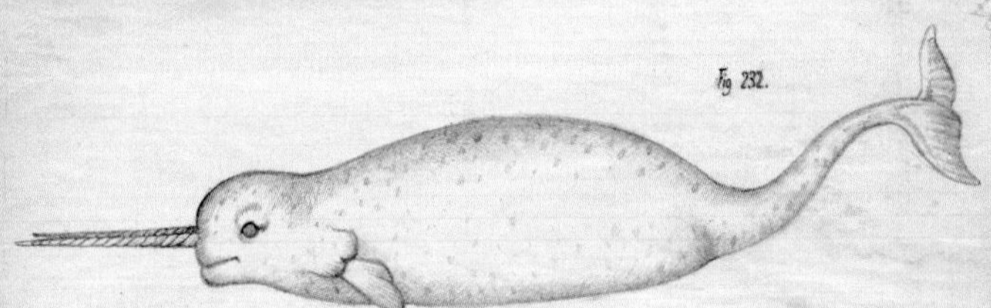

Monodon monoceros

La licorne asiatique

La licorne chinoise est appelée le ki-lin. La légende rapporte qu'il est originaire d'un pays inconnu et lointain ou encore, selon certaines sources, des contrées célestes. Ses apparitions sur la Terre sont cycliques, mais chacune d'entre elles est un présage favorable. Elles peuvent annoncer l'avènement d'un empereur bon et généreux ou encore la naissance d'un grand homme. La mère de Confucius eut la vision d'un ki-lin avant la naissance du grand philosophe.

Le ki-lin a le corps d'un cerf, la tête d'un lion, les sabots d'un cheval, la queue d'un bœuf et une seule corne recourbée vers l'avant. Il est souvent représenté avec des flammes dansant sur ses écailles. C'est une créature douce et bienveillante, qui n'admet aucun aliment pouvant être d'origine végétale ou animale.

Au Japon, le ki-lin est une créature farouche, proche de la licorne occidentale.

La dernière Licorne

Ce trouble lui était inconnu. Il était apparu dès les premières heures du jour. Une chaleur diffuse, lentement distillée dans chacune des parties de son corps. Alors, elle s'était mise en marche, guidée par une délicate fragrance de rose et de lilas. De délicat, le parfum s'était fait tenace, puis entêtant au point que la licorne s'était mise à trembler, traversée de voluptueux soubresauts. Et dans sa tête… un bouillonnement de douceur et d'amour si puissant qu'il lui semblait qu'elle allait exploser de bonheur.

C'est à l'orée de la forêt qu'elle la vit. Elle se tenait assise, enveloppée d'une cape de satin blanc sur laquelle s'étalait sa longue chevelure blonde et bouclée. Bien qu'elle ait gardé de l'enfance la douceur du sourire, c'était une jeune femme rayonnante de beauté qui se tenait devant elle.

Alors, la licorne avança. Il lui semblait glisser sur le tapis de feuilles qui couvrait le sol. Le cœur battant, elle découvrait ce visage de madone illuminé par deux grands yeux émeraude. Elles se retrouvèrent enfin, face à face, comme dans un songe. La licorne s'inclina et posa sa tête sur les genoux de la jeune fille.

Il est des moments où le temps s'arrête…

Soudain, il y eut un craquement. Celui d'une branche. Puis, le martèlement sourd d'une cavalcade, des cris sauvages, des aboiements rauques. La licorne avait bondi sur le côté. Elle n'avait pas recouvré ses sens, mais son instinct était le plus fort. Autour d'elle, une horde de chiens et de soudards formait un cercle hérissé de pics et de hallebardes.

La jeune fille s'était écartée. Elle observait la scène bras croisés et avec, sur son visage, toujours cette infinie douceur en rien troublée par la perspective d'une mise à mort prochaine, dont elle était la complice.

Le cœur et l'âme dévastés, acculée par les hurlements, les pointes, les crocs et les épieux, la licorne se tenait immobile, tête dressée, comme résolue à subir le sort qui lui était promis.

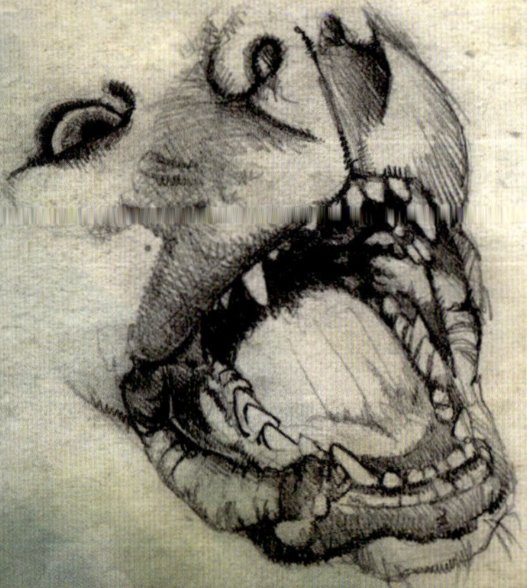

C'est à ce moment que, d'un mouvement vif, elle plongea sa corne dans le flanc de l'un des molosses, puis, esquivant la charge d'un autre, se glissa, dans un ultime crochet, entre deux soudards et s'enfonça dans les bois.

L'ombre glissait sous les branchages. Un scintillement. Un craquement. Des chiens qui hurlaient au-delà des marais…

Un long frisson parcourut le corps de la licorne. Ses fines oreilles se dressèrent. Elle devinait dans la pénombre un clapotis familier. Quelques pas encore et elle s'engagea dans une clairière éclairée des dernières lueurs du jour. Elle approcha d'une fontaine nichée sous les racines d'un vieux chêne éventré par la foudre. Lentement, elle ploya ses pattes, approcha ses naseaux, trempa sa corne dans l'eau fraîche, puis l'aspira.

Une goutte venait de s'abattre lourdement dans l'eau du bassin. Une goutte rubis. Elle se diluait à la surface de l'eau, traversant toutes les nuances du rouge. Comme piquée par un insecte invisible, la licorne eut un mouvement de tête nerveux en direction de son poitrail. Une longue estafilade bordée de sang séché marquait son pelage blanc.

Tintamarre de trompes et de cris sauvages.

Ils n'avaient pas lâché. Guidés par leurs chiens et la clarté sournoise de la lune, ils approchaient. La licorne était blottie au creux du vieux tronc éventré. Déjà, elle devinait les lueurs rougeoyantes des torches qui dansaient au travers des feuillages. Un filet de sang s'écoulait par la plaie ouverte.

Pourtant, la licorne ne bougea pas. Quand la horde surgit, elle se leva, étincelante sous les rayons de lune. Elle dressa sa corne en direction du ciel, et, seulement, quand les chiens furent libérés de leurs chaînes, elle bondit dans les fourrés.

Le halo des vapeurs matinales s'estompait. Hommes et chiens boitaient bas, le cuir déchiré par les ronciers. Devant eux s'étendait la masse sombre d'une vaste tourbière. La licorne était là. Elle semblait les attendre. Chancelante, le pelage ruisselant de sueur, elle se tourna vers les chasseurs. Une tache écarlate s'étalait sur son poitrail. Une tache en forme de cœur.

Un frémissement parcourut la horde.

La licorne s'engagea sur les rives gluantes. Elle dépassa les premières touffes de joncs, marcha lentement dans les eaux noires, s'enfonça, puis disparut dans les profondeurs du marais.

Le soleil était resplendissant. La clairière s'animait d'un joyeux tumulte chantant et vrombissant. On pouvait y voir des frelons, des abeilles, des bergeronnettes, les queues flamboyantes d'une portée de renardeaux qui roulaient dans les fougères et aussi, émergeant du vieux tronc éventré, la tête hirsute d'un petit animal d'une blancheur immaculée.

Une libellule aux ailes rougeoyantes voletait au-dessus des eaux calmes de la fontaine ; la petite licorne bondit hors de son nid et la suivit en cabriolant.

Héraldique

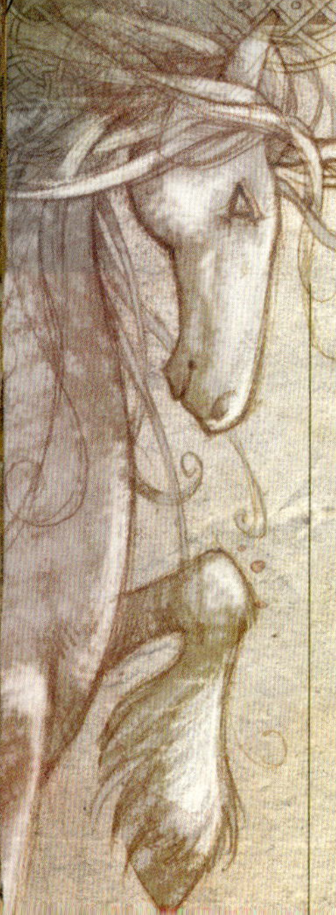

Dans l'art héraldique, la licorne est principalement représentée sous l'aspect d'un cheval pourvu d'une barbe de chèvre, d'une queue de lion et d'une corne torsadée sur le front.

Sa figuration sur les armoiries se répand au XVIIe siècle. Elle est présentée comme l'incarnation même de la noblesse et de la chevalerie.

Combattant fier et redoutable, bien qu'attentif et dévoué aux belles dames, le chevalier met son art et ses pouvoirs au service des plus faibles afin de les protéger, comme le fait symboliquement la licorne, en trempant sa corne dans l'eau pour en ôter le poison et les impuretés.

La licorne présente sur les armoiries écossaises incarne plus que tout autre l'esprit combatif d'un royaume qui lutta face à l'Angleterre pour sauver sa souveraineté.

« Plutôt mourir que d'être capturée vivante »
« Sa noblesse d'esprit est telle qu'elle préfère mourir qu'être capturée vivante, voilà en quoi la licorne et le vaillant chevalier sont identiques. »
Extrait d'un traité d'armoiries publié en 1610.

La licorne incarne la justice et la probité en frappant les méchants de sa corne. Lorsqu'elle est présentée enchaînée, les chaînes sont souvent brisées, signe de son invulnérabilité.

Table des matières

www.sandrinegestin.com

Dépôt légal : juin 2018
ISBN : 978-2-37051-068-6

Achevé d'imprimer en juin 2018
en Europe.

BP : 87227

29672 Morlaix Cedex

Tél. : 02 98 63 37 80

www.au-bord-des-continents.com

mail@au-bord-des-continents.com